AF494116

LA MORT

DU JEUNE BARRA,

OU

UNE JOURNÉE DE LA VENDÉE,

DRAME HISTORIQUE EN UN ACTE;

Par le Citoyen BRIOIS, *auteur des Cent pièces d'or.*

Représenté, pour la première fois, à Paris, sur le Théâtre Républicain, le 15 Floréal, l'an second de la République.

Prix, 25 sols.

A PARIS,

Chez BARBA, Libraire, rue Gît-le-Cœur, n°. 15;

Et chez MARCHAND, maison Egalité, galerie neuve, n°. 9.

SECONDE ANNÉE DE LA RÉPUBLIQUE.

A MES CAMARADES.

J'AI dédié mon premier ouvrage sur ce théâtre, aux Sans-Culottes de ma Section, ou plutôt aux Sans-Culottes de l'univers : car tout ce qui est patriote est adressé, appartient à la République entière : à ce titre, celui-ci lui appartient encore, et je le lui offre. Après avoir satisfait mon cœur par cet acte de fraternité, il lui reste encore un devoir à remplir. Je veux regarder autour de moi et rendre hommage au patriotisme, au zèle que vous avez montré tous, mes amis, dans l'exécution de ce petit ouvrage. Je veux qu'on sache qu'il est un théâtre exempt des tracasseries des coulisses, où les Acteurs ne cherchent ni à éloigner ni à corriger les Auteurs ; mais au contraire où ils se surpassent, si j'ose le dire, pour donner la vie aux productions qu'on leur confie : qu'à ce théâtre encore, dont je laisse au Public à distribuer la part de louanges que méritent tous ceux qui ont joué dans Barra, il existe un Homme de Lettres qui, loin de montrer de l'insouciance ou un esprit de critique sur les ouvrages qu'il n'a point faits, a donné les soins les plus actifs pour présenter celui-ci au Public ; que je lui dois tout, et que si, pour payer tant de zèle et de désintéressement, je ne le nomme pas, c'est pour épargner sa modestie, et dans l'espoir que d'autres Auteurs (enfin défaits du préjugé qui leur fait croire qu'il vaut mieux aller languir aux *grands Spectacles* que d'éclairer le Peuple sur celui qu'il a adopté) trouveront aussi sur leurs pas cet homme honnête, et qu'enfin il sera connu comme il mérite de l'être.

Puisse cet hommage public, que je vous rends à tous avec tant de plaisir, vous faire mieux connoître, et qu'un jour entretenus de productions patriotes et des leçons de vertu que le théâtre doit exclusivement présenter, je voie enfin disparoître à jamais la tache qu'avoit imprimée sur vous les obscénités de *Manon Ferlue*. C'est le vœu de celui qui est avec la plus profonde estime, mes chers Concitoyens,

Votre frère BRIOIS, *de la Section du Temple.*

PERSONNAGES.		ACTEURS.
BARRA.	Les Citoyennes	*Lacroix.*
CLOTILDE.		*Cousin.*
AIMÉE.		*Razilly.*
GILBERT.	Les Citoyens	*Martin.*
JOSEPH, camarade de Barra.		*Mazilly.*
ROBERT, hussard.		*Lafargue.*
UN CAPUCIN.		*Boulanger.*
UN OFFICIER.		*Celicour.*
Troupes Françaises.		
Brigands.		

La scène se passe dans la maison de Gilbert, qui doit être une chambre bourgeoise modestement meublée, mais pas tout-à-fait rustique. A la gauche des spectateurs est une porte par où entrent et sortent les acteurs. Une de l'autre côté mène au jardin.

L'action commence le matin et finit avant le jour.

LA MORT
DU JEUNE BARRA.

SCÈNE PREMIÈRE.

GILBERT, AIMÉE, CLOTILDE.

(*Ils sont tous trois sur la scène au lever du rideau ; Gilbert tient des journaux ; Clotilde travaille à des sacs ; Aimée à un habit uniforme.*)

AIMÉE.

Nous pourrons demain offrir cet habit, et les autres ouvrages que tu apprêtes, maman : j'aurai fini tout-à-l'heure.

CLOTILDE.

Et moi, j'ai fini hier les bas : voilà mon dernier sac.

GILBERT.

Bien des gens font tous ces dons là pour se faire remarquer ; mais s'ils lisoient ce journal-ci ; s'ils recueilloient, comme je l'ai fait, tous les traits d'héroïsme de nos braves soldats, ils voudroient donner tout leur bien pour l'armée, ou leur ame seroit morte à tout sentiment.

AIMÉE.

S'ils commencent aussi jeunes que notre petit hôte, et qu'ils voient la fin de la Révolution, ils pourront se flatter d'avoir tué bien des esclaves. Mais il m'inquiète fort ; il est sorti ce matin avec trois hussards, et on a vu des brigands du côté des bois : je crains qu'il ne les rencontre.

CLOTILDE.

Eh bien, crois-tu qu'il les craindroit ?

AIMÉE.

Oh ! je sais bien que non ; mais ils ne sont que quatre, et ces scélérats.....

GILBERT.

Quatre qui ont du cœur, qui défendent leur pays, qui attaquent des rebelles; quatre qui ont la conscience pure, et qui soutiennent une bonne cause! il y a de quoi faire trembler trois cens brigands.

AIMÉE.

S'ils se battoient en braves, Barra leur tiendroit bien tête à tous.... mais....

CLOTILDE.

S'exposer comme il fait tous les jours! à cet âge là!

GILBERT.

Ses camarades ne veulent rien faire sans lui; il ne voudroit pas qu'une action se passât sans qu'il y fût: voilà ce qu'a fait l'amour de la Patrie. Ah! maudits soient mes soixante ans, j'irois avec ce petit gaillard là, moi; nous jouterions en courage et en patriotisme, jarni!

AIMÉE.

Eh bien, mon père, qu'as-tu à te reprocher? n'as-tu pas dans ton temps servi ton pays? ce médaillon sur ta poitrine, atteste à tout le monde que tu as constamment défendu....

GILBERT.

Quoi! les volontés d'un tyran! Je lui aidois à asservir les Peuples; son caprice vouloit envahir telle ou telle contrée, et nous nous sacrifions pour la ravir à l'homme qui eût dû y vivre libre, pour la réduire sous un joug nouveau, quelquefois plus tyrannique que celui qu'il quittoit! je rougis de ces honteuses distinctions. O mon pays! est-il possible que tu aies dormi si long-temps!

AIMÉE.

Au moins cette fois-ci, il est éveillé pour toujours, et la Liberté est assurée pour l'éternité dans le sol de la France.

GILBERT.

Et des infames, des monstres qui étoient François, se sont levés pour combattre! des lâches que nous avions fait libres, demandent un maître! c'en est fait; demain je prends mon fusil; encore une campagne pour la Liberté: voilà ce qui épurera ce trophée des faveurs du despotisme.

CLOTILDE.

Y penses-tu, mon ami? Toi prendre les armes! ta foiblesse serviroit-elle ta vertu? tu succomberois....

GILBERT.

Que je tue deux brigands avant d'expirer, et je meurs content. Oui, deux seulement. Que leur sang indigne du nom français qu'ils ont porté, engraisse mes terres et prépare à mes enfans le pain de la Liberté.

CLOTILDE.

Tes enfans! eh! ne sont-ils pas aux armées? sais-tu le sort qui leur est destiné? Hélas! malheureux que nous sommes, jamais peut-être nous ne fermerons leurs yeux, jamais ils ne recevront nos derniers embrassemens.

GILBERT.

Clotilde! tu es mère, je le sais; mais point de foiblesse: oui, nos deux enfans exposent leur vie, nous ne devons peut-être jamais les revoir.... Mais ils vengent leurs frères, ils font triompher la Liberté méconnue, ils punissent des traîtres; et s'ils périssent dans les combats, c'est l'Eternel qui les recevra dans ses bras, c'est lui qui les récompensera d'avoir rendu leurs concitoyens à cet état de liberté pour lequel il nous fit. Oui, notre premier crime envers l'Être suprême, est d'avoir vendu à un maître nos volontés. C'est lui seul qu'il falloit reconnoître, lui qui, dans la dispensation de ses dons, fit tous les hommes égaux.

AIMÉE.

N'entend-on pas des coups de fusil? Bon jeune homme! je l'admire en le voyant sortir, je ne puis supporter son absence; le ciel doit protéger sa jeunesse, je le sens, je l'espère; et malgré moi des frayeurs....

GILBERT, *à sa femme.*

Not' femme; je crois que la friponne est amoureuse du hussard. (*Haut.*) Hein? ai-je raison, Aimée?

AIMÉE.

De quoi, mon père?

GILBERT.

Barra ne te déplait pas. Qu'en dis-tu? tu l'aimes mieux

que le fils d'Urbin, dont tu appris si tranquillement la mort le mois passé, quoiqu'il fût ton prétendu ?

AIMÉE.

S'il n'avoit pas fui, il ne seroit pas mort comme cela.

CLOTILDE.

Ma fille a raison : on ne reçoit pas de coups dans le dos, quand on est brave. Et un lâche déshonore tout ce qu'il approche ; il auroit vécu cent ans après cela, qu'il n'auroit jamais été mon gendre.

GILBERT.

Bien, mes bonnes amies, *rien ne plaît aux yeux des belles, que le courage des guerriers.* Barra ne se fera pas tuer derrière lui.

AIMÉE.

Oui ; mais c'est un enfant.

GILBERT.

Bien brave, bien honnête avec toi, et qui a de vilains yeux bleus : n'est-il pas vrai, Aimée, qu'il a de vilains yeux ?

AIMÉE.

Mon père ?

GILBERT.

Oui, mon père.... petite sournoise. Allons, avoue que tu as bien vu ses yeux ; ils ne sont pas trop jeunes ceux-là, car ils sont déjà grands comme père et mère. (*On entend quelques coups de fusil éloignés.*)

AIMÉE.

Mais tu n'entends donc pas, ma mère ? on se bat surement ; c'est quelques maraudeurs de cette armée rebelle.... Je gage qu'il est là.

CLOTILDE.

Oh ! il se fourre par-tout. Mais je n'entends plus rien, ce me semble.

GILBERT.

Ecoute, Aimée, que je te donne un bon conseil. Je m'en vais supposer que tu aimes bien ton petit hussard.... Eh....

AIMÉE, *niaisement.*

Ehbien, mon père, en supposant donc....

GILBERT.

GILBERT.

Eh bien, ma bonne amie, s'il devenoit ton époux et que la Patrie l'appellât à de nouveaux dangers.... ne serois-tu pas la plus malheureuse des femmes, si tu craignois toujours pour lui ? Ma fille, une républicaine n'a rien à elle. Son bien, ses enfans, son époux, tout est à son pays ; il faut que chaque sacrifice qu'elle est obligée de faire, soit fait fermement ; et que pleine de confiance dans celui qui a réglé tous nos destins, elle attende tout de sa bonté, en se louant d'avoir en sa puissance quelque chose d'utile à la République.

AIMÉE.

Mais, mon père, j'aime Barra comme tu l'aimes.... et je crains.... (*On entend un coup de fusil très-près ; Barra enfonce la porte.*)

SCÈNE II.

BARRA, CLOTILDE, GILBERT, AIMÉE.

BARRA, *enfonçant la porte.*

TON fusil, Gilbert ; ton fusil.

CLOTILDE et AIMÉE.

Ah ! ciel ! Barra.

BARRA.

Est-il chargé ?

GILBERT.

Oui, oui : qu'est-ce qu'il y a ? (*Il paroît un brigand le sabre levé à la porte, Barra tire dessus.*)

BARRA.

N'ayez pas peur.

(*Les femmes s'évanouissent.*)

Ah !

BARRA, *pose le fusil et va a elles.*

Il n'est plus, j'en réponds.

GILBERT, *allant à la porte, qu'il ferme.*

Il a raison, le coup est là. (*Il montre la tête ; pendant ceci Gilbert recharge son fusil.*)

BARRA.

Ma bonne amie ! Clotilde ? Eh bien, ce n'est rien.

AIMÉE.

Vous n'êtes pas blessé ?... Etourdi ! que vous m'avez effrayée! Toujours dans les combats.... qu'allez-vous chercher ?...

BARRA.

Ce que je vas chercher ! de la gloire en défendant vos propriétés. Tant qu'un seul brigand respirera, ou je ne serai plus, ou je jure sa mort.

CLOTILDE.

Marchez sous vos drapeaux, imprudent, et n'allez pas presque seul chercher des dangers certains.

BARRA.

Nul danger n'est certain, et je ne dois pas souffrir que ces êtres là respirent : j'en détruis deux, quatre; j'en effraie cent, et la terreur est la mort des traîtres. Ne m'ont-ils pas tué mes trois camarades ; ils m'ont vu seul ; ils avoient d'un coup de carabine brisé mon pistolet dans ma main ; ils me tenoient, si je n'avois eu bonnes jambes : un seul m'a poursuivi ici, et je l'y ai attiré pour le payer. Je suis tranquille à présent. Allons, reprenons de la joie. Aimée, Clotilde, vous ne pouvez pas m'en vouloir; la peur est passée : ne songeons qu'au plaisir d'être vainqueurs. J'ai, mordieu, été heureux aujourd'hui; nous en avons tué dix, et je n'ai qu'un trou à mon manteau et mon pistolet démonté ; mais j'ai les morceaux. (*Il les met sur la table.*)

AIMÉE.

Tu ne veux donc pas promettre à maman de ne marcher qu'avec ta compagnie ? Un instant plus tard....

BARRA *arrangeant toujours son pistolet.*

Nous avions déjà tué neuf rebelles, je n'aurois pas péri inutile : mes compatriotes auroient peut-être pensé à moi, et j'eusse donné un exemple à ceux qui se croient trop jeunes....

AIMÉE.

Je veux que tu me promettes de ne plus t'exposer.....

BARRA.

Veux-tu me donner un marteau, ma bonne amie ?

AIMÉE *allant le chercher, et pleurant presque.*

Moi, votre bonne amie !.. .

GILBERT.

Tu l'as fâchée, mon camarade. Elle a raison, Barra ; tu t'exposes trop ; tu fais bien, très-bien ; moi, je t'admire ; mais... je ne sais que te dire, je ne me fâcherai jamais contre le courage, moi.... Cependant... ne te fais pas tuer... je crois que nous en mourrions tous. (*Barra lui saute au cou.*)

AIMÉE, *qui a pleuré, apporte le marteau.*

Tenez.

CLOTILDE.

Tu pleures, Aimée ?

GILBERT.

Pourquoi vois-tu cela ? Non elle ne pleure pas. Silence.

BARRA *la mignardant.*

Ma petite sœur.... j'ai bien couru ce matin : est-ce que vous avez dîné ?

AIMÉE, *en petite boudeuse.*

Non.

GILBERT.

Tu as faim, mon garçon ?

BARRA.

Oui, ma foi. Depuis le jour où j'eus le bonheur de chasser d'ici les brigands qui vouloient tout emporter, vous avez voulu que je ne mangeasse plus au régiment : je suis fidèle, comme vous voyez. Je viens toujours prendre mes repas chez vous ; c'est un moment de plus pour nous voir, que je n'ôte pas aux travaux de la guerre.

CLOTILDE.

Ah ! quand finira-t-elle ?

BARRA.

Bientôt, bientôt, citoyenne Clotilde ; prenez de l'espoir. Si nous coupons une fois les communications de l'Angleterre, ils sont perdus, et l'on y travaille fortement.

GILBERT.

Recevoir des secours d'un tyran ! en vouloir placer un à leur tête ! quelle bassesse ! quelle méprisable horde ! Tous moyens devroient être permis pour s'en défaire : oui, le fer, le feu....

BARRA *vivement.*

Nos sabres et du salpêtre. Le Français ne doit pas, même avec les traitres, employer la trahison : il est trop grand pour recourir à ces moyens infames. Terrassons, portons par-tout la mort, mais en face. Point de moyens sourds, ils sont faits pour les Pitt, les Cobourg, les Guillaume.....

CLOTILDE.

Mais ils nous détruisent, les monstres ! des Français périssent.

BARRA.

Savons-nous tous quand nous devons mourir ? La peste, les épidémies n'ont-elles pas en un jour moissonné des milliers d'ames ? Ne nous plaignons jamais de recevoir la mort ; son instant est marqué, et nul de nous ne l'arrête ni ne le devine : mais enorgueillissons-nous, mais louons le Ciel en pensant qu'un seul Français n'a jamais péri qu'il n'ait au moins détruit trente esclaves.

GILBERT.

Et tu n'as que quatorze ans ?

AIMÉE, *à demi bas.*

On le voit bien à son obstination.

GILBERT, *les prenant chacun par la main.*

Barra, écoute. Ecoute, ma fille. Oui, tu n'as que quatorze ans, mais tu t'es signalé, tu te signaleras encore dans les armées ; tu aime la vertu, tu respecte et tu aide ta mère : on n'a point d'âge avec des qualités. Tu peux mourir demain ; ma fille que tu vois est bonne, douce, sage ; je ne te dis pas qu'elle est jolie, mais elle est aussi vertueuse que toi, aussi patriote que toi. (*Barra sourit.*) Oui, oui, aussi patriote que toi, quoiqu'elle te gronde d'être brave..... Mon bon ami, j'ai deux fils.... qui ne se marieront peut-être jamais. . . . une alliance comme la vôtre me rendroit bien heureux ! . . . Je peux perdre mes deux fils. . . . mes trois fils ! Avec toi, ma fille peut en un instant me donner de quoi consoler ma vieillesse. Epouse-la. Ecris cela à ta mère tout de suite, tout de suite, Barra. Si tu as son consentement, Gilbert passera heureusement ses derniers jours.

BARRA.

Y pense-tu ? Ami, ta fille...

GILBERT.

Point de modestie inutile, mon ami : tu as prouvé que tu es homme, je te traite en homme. As-tu peur que ma fille n'y consente pas, que sa mère s'y oppose ? Demande-leur ce qu'elles pensent.

AIMÉE.

J'obéirai à mon père.

GILBERT.

Et d'une, comme tu vois. Et toi, femme ?

CLOTILDE.

Ta volonté soit faite, not homme.

GILBERT.

Voilà de bonnes ames, n'est-il pas vrai, hussard ? Allons, citoyen, écris vite pendant que nous allons mettre la table : il y a là-dedans tout ce qu'il te faut.

BARRA.

Je suis enchanté de l'occasion : j'ai reçu aujourd'hui mon décompte, et j'ai quelqu'argent à faire passer à ma mère.

AIMÉE.

Tu l'assureras bien de.... notre amitié, citoyen Barra.

BARRA, *en lui baisant la main.*

Je n'y manquerai pas, ma petite femme.

SCÈNE III.

AIMÉE, CLOTILDE, GILBERT.

GILBERT.

ENTENDS-TU, Clotilde ? Eh bien, Aimée, qu'en dis-tu ?

AIMÉE.

Ma mère, je vais apprêter le dîner : adieu, mon père.

GILBERT.

Tu ne me dis que cela ?..... Allez, citoyenne Barra : ah, ah, ah !

CLOTILDE.

Not homme, je vas avec elle, et nous allons dîner tout-à-l'heure.

SCENE IV.

GILBERT *seul.*

ALLEZ, allez, mes enfans ; encore un jour heureux pour moi ! Marier ma fille à un héros !.... un héros soldat ! O Liberté, Egalité, voilà tes bienfaits ! Les héros d'autrefois étoient tous des altesses, qui, jouissant en paix du courage de ceux qu'ils plaçoient au-dessous d'eux, avoient toute la gloire, quand les malheureux soldats n'avoient que les sueurs et les dangers. Aujourd'hui chaque action est pour celui qui la fait; et l'on pense vaincre les troupes républicaines ! Ah ! ne l'espérez pas, vils despotes. La gloire, un regard, un souvenir de son pays, voilà de quoi mener le Français à mille morts. Je n'ai jamais reculé, moi ; oh, non, jamais : mon cœur ne me reproche rien ; mais si j'avois eu une pareille récompense, deux cents Anglais de plus auroient péri de ma main. La République entière me regarde, honore mon courage ! cette réflexion doit faire autant de héros que de soldats.

SCÈNE V.

GILBERT, CLOTILDE, AIMÉE.

CLOTILDE.

Allons, tout est prêt. Barra n'a pas encore fini ?

GILBERT.

Ah bien oui : quand un bon fils écrit à sa mère, il n'a jamais fini de babiller, il n'a jamais tout dit. Arrange toujours cela ; je vais le presser, moi.

SCÈNE VI.

CLOTILDE, AIMÉE.

CLOTILDE.

Allons, allons, la jeune mariée, aide-moi donc : dépêchons-nous.

AIMÉE.

Ah ! j'aurois mieux aimé choisir un mari après la guerre.

CLOTILDE.

Que veux-tu, mon enfant ? je crois que tu as raison ; mais ton père est pressé ; il ne sait pas s'il lui restera des enfans ; il a une fille, et il faut qu'elle lui promette de perpétuer les Gilbert, qui ont toujours été d'honnêtes gens et de bons patriotes.

AIMÉE.

Barra est jeune, c'est un bon citoyen, un bon fils : il sera sûrement bon mari ; mais il est si ardent, il brave si souvent le danger, qu'il peut succomber un jour... hélas ! peut-être bientôt ! Si mon père ne me préparoit que des pleurs et des regrets, en croyant me donner le bonheur !

CLOTILDE.

Chasse ces idées là, ma fille : il faut tout voir en beau, tout espérer : il faut des sacrifices, il y aura des victimes ; mais il est des êtres à qui le ciel permettra de voir la fin de ce cruel défi. Ton futur, qui s'est si bien montré, sera récompensé, et, d'aujourd'hui, les lauriers qu'il méritera vont t'appartenir.

AIMÉE.

Ne parlons plus de cela, ma mère. Mon cœur se grossit.... Je ne sais pourquoi je suis prête à verser des larmes. (*Elle s'assied et pleure amèrement.*)

CLOTILDE.

Eh bien! eh bien! enfant!.... Comme la voilà émue... Tu me fais frémir moi-même.. Allons, allons, du courage, de l'énergie: c'est appeller le malheur sur sa tête que de le craindre toujours.... Voilà ton père.

SCÈNE VII.

BARRA, GILBERT, CLOTILDE, AIMEE.

GILBERT.

Tout est-il prêt? De la gaieté sur-tout; c'est ici un repas de noce. Va me cueillir des fleurs, Aimée, et répands-les sur cette table: c'étoit ainsi que les Francs, que nos pères célébroient l'hyménée..... Elle a l'air triste! Ma fille, est-ce que mon projet te déplaît? aimerois-tu ailleurs? Soit vraie, mon Aimée..... Réponds-moi, qu'as-tu?

AIMÉE.

Mon père, tout ce qui peut faire votre bonheur me plaît: vous me donnez un brave homme; j'espère que je serai aussi bonne mère de famille qu'il est bon guerrier, et que nos destinées et l'estime que nous obtiendrons tous deux de nos concitoyens, feront long-temps la consolation de vos jours.

GILBERT.

Embrasse-la, mon fils, et va toi-même au jardin; va chercher des fleurs.... c'est à toi à les prodiguer autour de nous.

BARRA *l'embrassant.*

Ma petite sœur, je crains que vous ne m'aimiez pas. (*Il la regarde en s'en allant; Aimée lui envoie un baiser; il prend de la gaieté et sort.*)

GILBERT.

GILBERT.

Clotilde, sers-nous toujours, le hussard aura bientôt fait. (*Clotilde sort.*)

SCÈNE VIII.

GILBERT, AIMÉE.

GILBERT.

VIENS ici, ma fille, je veux te parler.

AIMÉE.

Mon père....

GILBERT, *lui montrant son genou.*

Assieds-toi là, et causons. Mon enfant, tu me fais de la peine.... ce n'est pas ta faute, j'en suis certain, et c'est pourquoi j'ai voulu m'expliquer avec toi, afin de ne point te rendre malheureuse sans le savoir. Ma chère Aimée, pourquoi es-tu si triste depuis que je t'ai parlé de cet hymen? haïrois-tu notre jeune ami? aimerois-tu quelqu'un?... La vérité, je ne veux que cela ... Tu te tais! Ecoute, Aimée; il te faudra un époux aujourd'hui, demain, dans quelques mois, quelques années: tu n'as pas choisi; j'ai cru le bien faire Survivrois-tu au malheur d'épouser un de ces ingrats qui cherchent à étouffer le bonheur public pour faire le leur, ou du moins pour l'essayer? J'ai trouvé un cœur simple, neuf, vertueux, vainqueur des brigands.... Il est jeune, bien jeune; mais nos cruels ennemis pourroient peut-être encore l'occuper quelque tems: alors ta vue, un rien sera sa récompense au retour des fatigues de la guerre. Tu lui deviendras tous les jours plus chère; et quand la paix vous laissera jouir d'un amour dans lequel vous vous fortifierez tous deux, ce sera un homme... que tu rendras heureux; car je connois ma fille, elle doit rendre un homme heureux: la République alors récompensera son courage, et toi, tu partageras avec elle. Quand elle ne peut couronner que le héros, tu récompenseras le bon fils, l'honnête homme! Conçois-tu le bonheur que je te prépare?

AIMÉE.

Oh! oui, mon père, et je te promets....

GILBERT.

D'être heureuse, voilà tout ce que je veux.

AIMÉE.

Un trouble involontaire, une oppression que je ne conçois pas...

GILBERT, *se levant, et gaiment.*

Ah! je connois cela vas, moi; ce n'est rien, ce n'est rien. (*à part.*) O femme! femme! pourquoi cet instant où ton être s'ennoblit, où tu cesse d'être l'objet des desirs errans de notre sexe, pour devenir l'espoir de la République, pour être mère, coûte-t-il toujours à ton cœur! Pourquoi ce passage est-il pénible? C'est que l'éducation de ton sexe est mal organisée, c'est que des êtres perdus de mœurs ont placé la fin de ton existence où commence ta gloire.

SCÈNE IX.

BARRA, CLOTILDE, AIMÉE, GILBERT.

CLOTILDE.

Not' homme, voilà notre diner: à table, à table.

BARRA, *jonchant des fleurs.*

Gilbert, voilà ce que tu m'as demandé.

GILBERT.

Citoyen, à côté de ton épouse. (*on se met à table.*)

BARRA.

Volontiers. Allons, de la joie; l'ennemi, à ce qu'il me paroît, nous laissera diner tranquilles: il sait sûrement que ce [illegible] mes fiançailles.

CLOTILDE.

[illegible]ui; un repas de fiançailles, où il n'y a que des légumes.

BARRA.

Eh! que faut-il de plus? nous nous portons bien tous, et les fruits de la terre sont assez pour nous. On cherche à nous priver de tout: nous commencerons, nous, et nous rendrons, à force de privations, la perfidie inutile.

GILBERT.

Notre guerre de la Vendée est bien cruelle; mais il existe une autre Vendée secrète: *on enfouit, on détruit, on cache les subsistances;* on croit réussir à nous donner un maître. Nous! manger encore le pain de la servitude, quand nous nous en sommes affranchis? non, non, leur projet est inutile, nous affamerons les affameurs; la hache se levera sur leur tête coupable, et nous serons libres.

BARRA.

Tout cela sera déjoué: nous avons des surveillans, les Jacobins, la Montagne; la divine Montagne, où sont les vedettes qui ne dorment jamais, ne laissera croître aucun tyran.

GILBERT.

Non, non; on peut répondre de cela.

CLOTILDE.

Depuis que notre pays est inondé de tant de traîtres, de fanatiques, de royalistes, il me semble voir par-tout de cette race impure.

GILBERT.

Oui, not' femme, par-tout ils ont eu des complices; mais la France a un génie protecteur. Les traîtres prennent de l'espoir; ils s'accumulent, ils se réjouissent, ils bravent quelques Patriotes; ils choisissent l'heure, le jour, où ils doivent tous nous égorger.... Mais l'Eternel qui protège la plus juste des causes, se lève indigné, la foudre éclate: le jour, la veille de l'époque fatale, ils sont à l'échafaud.

CLOTILDE.

Il est vrai que voilà bien des conspirations que la Montagne a détruites.

BARRA.

Elle les détruira toutes. Aussi la République entière a les yeux fixés sur elle, tout retentit d'actions de graces; le Bulletin nous retrace tous les jours quelqu'un de ses bienfaits, ou nous transmet des vers, des chansons à sa gloire.

AIMÉE.

Nous ne voyons pas cela, nous autres: ah! si j'en savois, je les chanterois toute la journée.

BARRA, *tirant un papier.*

En voici une, qui n'est pas du Bulletin, mais qui a couru toute l'armée.

AIMÉE.

Tu en as!... C'est joli, d'avoir de belles chansons, et de ne pas me les apprendre!

BARRA.

Je ne pense pas souvent à chanter. Le soldat se bat; nous secondons les efforts de ces braves Montagnards en tuant le plus de brigands que nous pouvons, et nous ne chantons que *ça ira* en nous précipitant sur leurs pas, ou la Carmagnole en frappant du sabre et de la bayonnette: il n'y en a pas un sur le carreau qui n'ait été régalé de cet air-là avant de rendre son ame criminelle.

CLOTILDE.

Voyons la chanson.

AIMÉE.

Oh! je la retiendrai bien, moi.

BARRA.

La voici; c'est le tableau de notre demi-révolution et de celle qui a enfin sauvé notre pays, en fondant la République et en détruisant pour jamais les rois. Chante, toi, Gilbert.

GILBERT.

Volontiers.

LES DEUX RÉVOLUTIONS.

Air : *du vaudeville de l'Isle des Femmes.*

Lassé d'un stupide sommeil,
Un Peuple digne du vieux Tybre,
Annonçoit déjà son réveil,
Mais n'osoit se proclamer libre.
Affaissé par de longs revers,
Il erroit triste dans les campagnes :
Bis en chœur. { Il falloit, pour rompre ses fers,
Qu'il respirât l'air des montagnes.

Un jour il voit de son tyran
S'adoucir le regard farouche :
Un masque cachoit le serpent ;
Le miel distilloit de sa bouche.
Sois l'exécuteur de nos loix,
Suis le vœu des villes, des campagnes....
Bis en chœur. { Peuple qui te fie à des rois,
Viens prendre l'avis des montagnes.

C'est-là qu'un atmosphère pur
Laisse au loin s'étendre la vüe,
Et qu'un coup-d'œil et juste et sûr
Voit dans la plaine et dans la nue.
Le Python de son puant marais
Infestoit et perdoit les campagnes :
Bis en chœur. { La foudre arrêta ses progrès,
Et partit du haut des montagnes.

Enfin le monstre est terrassé :
L'hydre reste encor à combattre ;
Mais chaque esprit, trop divisé,
Le multiplioit pour l'abattre.
Qui donc changera ton destin,
Toi que l'intrigant et mène et gagne....
Bis en chœur. { Prends courage, et vois pour ton bien
Ce groupe au haut de la montagne.

Là le tyran, là l'oppresseur
Reçoit le prix d'un règne inique ;
Là le Peuple, pour son bonheur,
Voit se former la République ;
Là le soldat, pour ses sueurs,
Se verra heureux à la campagne.
Bis en chœur. { Reconnoissance, gloire, honneurs
A l'habitant de la montagne !

La chanson dit bien Vive. la Montagne ! vive les Jacobins ! (*on boit, et on se lève de table.*) C'est dans cette pépinière que croissent les bonnes plantes ; elles guériront, mordieu, toutes nos maladies.

BARRA.

Voilà comme un bon Républicain pense. Ma bonne amie, aussi-tôt cette maudite guerre-ci, qui ne peut pas durer longtemps, terminée, je veux vous mener à Paris voir leurs assemblées.

CLOTILDE.

Ah! nous ne nous ferons pas prier. Si on voyoit dans les départemens tout le bien que font nos dignes Représentans, et les obstacles qu'ils ont à vaincre, les menteurs qui viennent nous troubler, n'auroient pas si beau jeu, et nos rebelles n'auroient pas trouvé tant de dupes pour les suivre.

GILBERT.

C'est bien dit ça, femme ; t'as toujours raison aujourd'hui.

CLOTILDE.

Tu crois? mais c'est mon ordinaire, je pense.

GILBERT.

Ah! pas toujours : mais c'est naturel ; on peut s'amuser à contrarier un petit peu son mari, on peut avoir tort avec lui : mais on ne badine pas avec la Patrie ; il faut vouloir toujours son bien, son bonheur, et la servir avec zèle.

BARRA.

Vous êtes de braves gens, de bons patriotes ; il n'y aura désormais que les batailles qui me feront quitter votre société.

AIMÉE, *vivement.*

Tu ne quitteras plus tes amis ; tu le promets donc, citoyen Barra ?

BARRA.

Que pour les batailles. Cependant de pareilles conversations échauffent bien l'ame... Je brûle d'envie de terrasser tous ces malheureux soldats du fanatisme et du royalisme.

SCÈNE X.

Les précédens, JOSEPH et un Hussard muet.

JOSEPH.

SALUT, Citoyens, Citoyennes. C'est toi que je cherche, Barra.

BARRA.

Me voilà, camarade.

JOSEPH.

Où vas-tu donc? on ne t'a pas vu au camp depuis ce matin.

BARRA.

Je suis chez de braves citoyens, où nous parlons de la Montagne, de la République.... Cela me fait du bien, et je suis sûr que cela fera du mal aux fanatiques.

GILBERT, *aux Hussards.*

Camarades, vous boirez bien un coup? Femme, des verres. (*Clotilde y va.*)

JOSEPH.

Bien de l'honneur, Citoyen.

GILBERT.

Allons donc, te moques-tu? Je crois que tu me prends pour un Colonel de l'ancien régime? Je suis un bon vieil invalide qui ne peut pas vous offrir d'honneur, puisqu'il n'est pas plus que vous, mais bien son amitié, sa bien bonne amitié, qu'il garde à tous les défenseurs de la République. (*on boit.*) Ah! pourquoi n'avez-vous pas commencé cinq ans plutôt, j'aurois joué mon rôle tout comme un autre. Gilbert est mort, mes amis; oui, Gilbert est mort, puisqu'il ne peut plus combattre les ennemis de son pays.

JOSEPH.

Tu as eu ton tems, camarade, et je vois que tu as fait longtemps le métier.

GILBERT.

J'ai servi vingt-quatre ans un maitre, et vous défendez vos frères! Quelle différence! Mais ne parlons plus de cela.

BARRA, *versant un second coup.*

A ta santé, mon père; à la vôtre, ma mère et ma femme; à vous, camarades.

JOSEPH et le Hussard, *riant.*

Sa mère! sa femme! qu'est-ce qu'il veut donc dire ?

GILBERT.

Vous le saurez; allons, une seconde tournée.

JOSEPH.

Volontiers. Mais explique-nous donc....

CLOTILDE.

Il vous en instruira. Prenons l'autre jambe; il en faut aux hussards.

JOSEPH.

Il en faut aussi aux révoltés; car nous allons les faire diablement courir.

GILBERT.

A l'Armée, et à la République une et indivisible, en dépit des factieux et des intrigans.

JOSEPH, *et tout le monde.*

A la République une et indivisible.

GILBERT, *posant la bouteille sur la table.*

Allons, on ne boit plus.

JOSEPH.

Ami, parlons un peu d'affaires, et sur-tout mettons de l'ordre: d'abord nous avons une lettre pour toi.

BARRA.

Ah! donne, c'est de ma mère sans doute; donne donc.

JOSEPH.

Oh! elle n'est pas ici. On la garde à la tente, et pour cause; nous voulons te voir aussi nous.

BARRA.

Je vous suis obligé; mais....

JOSEPH.

Mais tu la trouveras ce soir. Il s'agit aussi qu'il faut partir tout de suite, pour une petite expédition. Tout le régiment est commandé.

BARRA,

BARRA, *à Aimée, avec une joie qu'il veut cacher.*

Tout le régiment : vous entendez ?

JOSEPH.

Nous allons fouiller un bois par où l'on prétend que Charette pourroit nous surprendre et nous débusquer un poste.

AIMÉE.

Et tu pars !... tout de suite ?

JOSEPH, *à part, l'observant.*

Ah, diable !... Oh ! c'est l'affaire d'un quart d'heure ; quelques moines, quelques émigrés qu'il faut dépêcher.... et puis il est à vos pieds, ma belle. (*Barra met son sabre et ses pistolets.*)

AIMÉE.

Comme il part tranquillement !

GILBERT.

Ah ça, vous nous en répondez vous autres? c'est que je vous avertis que voilà des femmes qui ne vous pardonneroient pas de le laisser tuer.

JOSEPH.

Citoyennes, il n'a pas besoin de nous ; le gaillard sait s'en tirer à merveille.

BARRA.

Citoyen Gilbert, je ne peux pas tarder d'envoyer à ma mère la lettre de tantôt... J'ai mis dedans ce dont je puis disposer ; tu la cacheteras, et tu la porteras au directeur de la poste : puisse-t-elle parvenir bientôt !

GILBERT.

J'aurai soin de tout, mon garçon. Je te recommande seulement nos émigrés et quelques prêtres, si tu en trouves. Au revoir, mon fils.

BARRA.

Adieu.... ma chère Aimée.

GILBERT.

Tu n'ose pas l'embrasser... Embrasse-nous tous, cela t'encouragera ; à la ronde, elle aura son tour. (*Il embrasse tout le monde. Quand il va à Aimée, elle a l'air d'hésiter.*) Embrasse-le, ma fille; la femme d'un militaire peut-elle refuser cela à un homme qu'elle n'est pas sûre de revoir?

AIMÉE, *l'embrassant, et pleurant presque.*

Mon père !... (*elle s'assied, et reste pensive.*) Adieu, Barra. (*Barra sort avec les Hussards.*)

CLOTILDE.

Quelle consolation vous lui donnez !

SCÈNE XI.

GILBERT, CLOTILDE, AIMÉE.

GILBERT.

Je ne veux pas le consoler; je veux l'affermir. Est-il d'un honnête homme de leurrer d'espérances auxquelles il ne croit pas lui-même? Me croirois-tu, ma fille, si je te répondois de ses jours? me croirois-tu, si je t'assurois qu'il va périr? Du dévouement, de la confiance, il est à la République; attends tout du Génie qui protège ses dignes défenseurs.

CLOTILDE.

Pauvre infortuné, pourquoi l'ai-je connu !

AIMÉE.

Pourquoi l'ai-je connu aussi?

GILBERT.

Courage: allons, des lamentations! il falloit qu'il restât à roucouler auprès de toi, et qu'il laissât l'ennemi nous piller et brûler nos maisons. Apprends donc ce que c'est qu'un homme, qu'un soldat républicain? Vivre pour faire de belles actions, pour laisser à la femme qu'il a choisie, une mémoire honorable; faire d'abord le bien de sa Patrie, et celui de son épouse avant le sien: voilà ses devoirs, et ceux que remplira dignement l'époux que je te donne.

AIMÉE, *douloureusement.*

S'il revient !

GILBERT.

Et s'il meurt! il mourra à son poste, et en brave homme. Mais cessons cette conversation. Je suis chargé de porter à la poste l'argent qu'il envoie à sa mère. Je vais voir si je puis m'acquitter de ce devoir, chercher sa lettre, la cacheter, et si l'on peut en sûreté... Oh! ils ne sont pas encore ici, il faut profiter des instans; je suis de retour tout-à-l'heure... Mon enfant, de la résolution, du courage. (*Il sort.*)

SCÈNE XII.

CLOTILDE, AIMÉE.

AIMÉE.

Que mon père est heureux d'être si tranquille! depuis qu'il m'a désigné Barra pour époux, je le vois tout différemment; malgré ses vertus, je ne voyois que son âge, je le regardois comme un brave enfant: maintenant tous les dangers qu'il court me deviennent personnels. Encore si je pouvois les partager avec lui! Ah! si je n'avois pas ma mère! l'exemple est fréquent dans nos armées; et dans cette guerre, où le Peuple défend sa propre cause et concourt en masse pour exterminer les ennemis de sa Liberté, plus d'une femme a servi la Patrie. Je sens que mon indignation contre tous ces tartuffes qui pensent nous endormir, en demandant nos possessions au nom d'un tyran abhorré... et la vue de cet enfant chéri, que j'aime à présent autant que je l'admirois, me donneroient un courage qui leur seroit funeste.

CLOTILDE.

Et ton absence! et tes dangers! qui les déguiseroit à ton père, à ta mère? qui les consoleroit, si tu périssois? Tes frères ne nous donnent aucune nouvelle depuis plus de six mois... Je ne les pleure pas, j'espère toujours... mais il est des momens... Ah! je le sens, ma fille, je n'ai plus que toi; non, je n'ai plus que toi.

AIMÉE, *prenant le fusil de son père.*

Encore deux bras, et cette arme pourroit peut-être en détruire plus de trente aujourd'hui; et la triste Aimée, au lieu de trembler pour son époux, porteroit à ses côtés le carnage, lui sauveroit peut-être un coup fatal, et seroit payée de ses fatigues par un coup-d'œil, un sourire de Barra !

CLOTILDE.

Laisse ces pensées, mon enfant; embrasse ta mère. Tous nos enfans sont dignes de nous! puisse le ciel nous les conserver !

SCÈNE XIII.

CLOTILDE, AIMÉE, GILBERT, *tenant une lettre ouverte.*

GILBERT.

O ma fille! comme je m'applaudis de plus en plus. Tiens, écoute, et partages ma joie: connois ton époux, ton amant; il est brave: mais ce n'est rien que d'affronter le danger... ce n'est rien que l'audace guerrière, sans les vertus du cœur... J'ai vu la lettre qu'il écrivoit à sa mère; elle étoit ouverte... la curiosité!... C'est mon gendre, me suis-je dit, voyons, voyons son cœur; car c'est dans les écrits qu'il se peint, et sur-tout en écrivant à sa mère. J'ai lu: quelle générosité!... Ecoutez, écoutez. Hum! hum! hum! le voici:

« Je ne puis vous faire passer aujourd'hui que 150 livres
» de mon décompte, et je dois vous annoncer que vous êtes
» moins riche que jamais. Je connois votre amour pour la
» Patrie, ma mère, et je suis sûr que vous m'approuverez;
» la République vous indemnisera: mais ne le fit-elle pas,
» il dépendoit du salut de nos frères, je n'ai pas dû hésiter...
» Nous poursuivions les brigands, et nous brûlions tout ce qui
» pouvoit leur servir de repaire; car tout sert à leurs projets
» perfides, et le moindre abri peut coûter la vie à quelques
» Républicains; nous passons devant votre petite maison.
» Mon Colonel qui avoit les ordres pour incendier tout, la
» voit et n'osoit, connoissant votre infortune, vous priver
» de cette possession; son amitié pour moi le fait hésiter. Je
» prends moi-même une torche, et regardant le ciel pour
» qu'il m'inspire en votre absence, j'y porte la flamme; un

» instant la dévore, et nos frères d'armes ne craindront plus
» de pièges en cet endroit : si ma mère avoit vu comme le
» moindre sacrifice est payé par l'estime de ses concitoyens !
» les louanges qu'on a données à cette action me font rou-
» gir... Quand donc l'homme, qui aime ses semblables, ne
» sera-t-il qu'un être naturel ? &c. &c. &c.

CLOTILDE.

Le brave enfant ! Cette maison-là de moins augmente bien ta dot, ma fille ; une vertu de plus que tu ne lui connoissois pas, le désintéressement : voilà les hommes qu'il faut à la République. Tous ceux qui ne pensent point à eux, à leur ambition en la servant, en feront toujours le bonheur et la gloire.

AIMÉE, *timidement.*

C'est donc là toute la lettre, mon père ?

GILBERT.

Non, ma fille ; mais le reste te regarde : c'est la demande en mariage, et je ne veux pas aiguiser votre amour-propre. J'en suis content ; cela suffit. Il est galant déjà, mon gendre ; il sait ce que vaut une femme. Oh ! c'est un vrai Français, il aime les femmes et la gloire.

AIMÉE, *de même.*

Il m'aime donc, il l'assure à sa mère ?

GILBERT.

Oui ; c'est moi qui vous en réponds.

CLOTILDE.

Il n'a pas affaire à une ingrate : ne vouloit-elle pas tout-à-l'heure aller combattre à ses côtés ? Elle tenoit ton fusil, et son cœur étoit déjà aux champs.

GILBERT, *transporté de joie.*

Il est possible ! chère enfant ! Ah ! je n'ai pas la force d'appuyer ton desir ; il nous faut un soutien, ma fille, tu ne peux nous quitter... Allons, donne-moi de la lumière ; que je cachete cela, et que je tâche qu'elle parte aujourd'hui. (*Il cachete la lettre, et sort.*) Je ne crois pas qu'il y ait encore du danger... Nous n'entendons rien. Adieu, je reviens.

SCENE XIV.

CLOTILDE, AIMÉE.

CLOTILDE.

Ah! quelle journée! un instant de plaisir, des inquiétudes, des tourmens. O France! ô Patrie! toi, qui ferois le bonheur de tous tes enfans, si tu étois tranquille... Combien les maux qui te déchirent, combien les ingrats qui veulent ta perte, nous rendent dure l'attente de leur destruction!... La lettre de notre hussard m'a fait verser des larmes de joie, mon Aimée; je commence à goûter le projet de ton père: il étoit difficile de te trouver un époux de ce mérite-là.

AIMÉE.

Si cette malheureuse lutte des Français contre les Français, du fanatisme et de la perfidie contre la franchise et le patriotisme prenoit fin! Mais vous avez entendu Barra lui-même.... on peut vendre chère sa vie; mais on ne peut pas en répondre.

CLOTILDE.

Les décrets du ciel sont impénétrables, j'en conviens; attendons en silence...

SCÈNE XV.

Les précédens, UN CAPUCIN.

LE CAPUCIN *pousse la porte vivement, et entre très-doucement, les bras croisés.*

Ave, Maria.

CLOTILDE.

Qui est-là?

LE CAPUCIN.

Rassurez-vous, mes sœurs; je ne veux faire aucun mal: c'est un ministre du Dieu de paix qui vient vous demander votre petite aumône, pour aider les défenseurs de la cause du ciel.

AIMÉE.

Tu es donc de ces barbares qui, au nom de Dieu,

viennent nous égorger ; et tu viens, avec cet air contrit, demander chez des Patriotes de quoi soutenir ton infame parti ! Sors, hypocrite, et rougis devant ce signal de la cause que nous défendons. (*Elle lui montre un petit drapeau.*)

LE CAPUCIN.

Mes sœurs, je vois que vous n'êtes pas éclairées ; mais le ciel...

CLOTILDE.

Le ciel n'a jamais eu de relations avec ton espèce. Nous donnons tous les jours à la République pour soutenir la bonne cause, celle de la Raison et de la Liberté ; mais, pour toi, tu n'auras rien de nous, que quand tes esclaves soudoyés viendront nous l'arracher le fer et la flamme à la main.

LE CAPUCIN.

Bientôt notre armée enveloppera tout ce pays, et nous ne pourrons alors sauver de la mort que nos amis et ceux que je tâche de convertir, comme tu vois, par la douceur. Rends-toi de bonne grace, ma sœur, et donne ce que tu pourras ; nous saurons reconnoître ce que tu vas faire, et tu sentiras le service que je te rends aujourd'hui.

AIMÉE.

Brigand ! je vois ton dessein, tu dévores des yeux tout ce qui est ici ; mais je me défendrai de ton pillage, et tu ne te défendras pas de la mort que je te prépare, si tu fais un geste jusqu'à l'arrivée de mon père. (*Elle va à la porte contre laquelle elle se met avec le fusil de son père qu'elle tient prêt à coucher en joue.*)

CLOTILDE.

Démon travesti sous des habits que tu ne peux plus faire respecter ! tu es devant des femmes, mais qui ont juré d'exterminer toute ta bande infernale. Nous te permettons de sortir, ou tu trouveras ici la mort, si tu fais la moindre violence. (*Elle prend dans le tiroir de la table deux pistolets, et se tient en garde à l'autre côté de la chambre.*)

LE CAPUCIN.

Vous vous armez contre un serviteur de Dieu, qui ne veut que votre bien. Voyez que je ne puis me défendre.

AIMÉE.

Eh bien ! sors ; délivre-nous de ta vue. (*Elle se range un peu de devant la porte.*)

LE CAPUCIN : *il va comme pour sortir, et crie :*

A moi ! à moi ! (*des brigands enfoncent la porte, et entrent six à huit.*)

AIMÉE, *se sauvant du côté de sa mère, qu'elle couvre de son corps.*

Ah ! Dieu ! Dieu ! secourez-nous.

LE CAPUCIN.

Ministres des vengeances du Ciel, vrais Catholiques, vengez votre chef qu'on veut assassiner. Saisissez ces femmes, et liez-les ; elles paieront bientôt leur sacrilège.

CLOTILDE.

N'approchez pas, ou vous êtes morts.

(*Les brigands s'avancent ; Aimée tire son fusil, Clotilde ses pistolets ; deux tombent morts ; un troisième et le Capucin se sauvent. Gilbert entre.*)

SCÈNE XVI.

Les précédens, GILBERT, *entrant précipitamment.*

GILBERT.

MA fille ! ma femme ! ah ! tigres. (*Il tire un pistolet.*) Au secours ! au secours ! (*Il en blesse un qui tombe, se relève et se sauve.*)

SCÈNE XVII.

Les mêmes, UN OFFICIER de Volontaires et sa Troupe.

L'OFFICIER.

QU'y a-t-il, braves gens ? Chargez, camarades.

(*Combat. Les brigands se sauvent ; les volontaires les poursuivent. L'Officier reste.*)

GILBERT,

GILBERT, CLOTILDE, AIMÉE.

Ah! quelles graces! nous tombon à tes genoux.

L'OFFICIER.

Levez-vous donc! je ne tomberois pas aux vôtres, si vous m'aviez rendu ce service nos bras, notre courage sont à tous nos frères: heureux l'instant qui les rend utiles!

AIMÉE.

O ma ma mère, que j'ai tremblé pour toi!

L'OFFICIER.

Ne craignez plus rien. Je ne conçois pas comment ces malheureux s'amusoient ici; tous leurs complices sont défaits, et cette journée est une des plus heureuses pour la République.

CLOTILDE.

Quel bonheur, grand Dieu, que celui qui nous coûte toujours des regrets!... Mais dites-moi, Citoyen, a-t-on vu les Hussards qui ont fouillé le bois?... Connoissez-vous le jeune Barra?

L'OFFICIER.

Si nous le connoissons! il a fait, comme à son ordinaire, des prodiges: c'est un vivant à toute épreuve.

GILBERT.

Citoyen, ce sera l'époux de ma fille.

L'OFFICIER.

Je vous en félicite, Citoyenne; il lui falloit une femme vertueuse, une bonne Patriote, et il me paroit qu'il l'a trouvée.

AIMÉE.

Ils vont bientôt rentrer, Citoyen?

GILBERT.

Qui, les brigands? y penses-tu?

CLOTILDE.

Ce n'est pas cela qu'elle veut dire; elle ne les craint pas, vas.

GILBERT, *souriant.*

Ah! les Hussards, n'est-il pas vrai?

L'OFFICIER.

Ils poursuivent les fuyards. J'en ai vu au bout de cette

Commune, comme je venois ici, qui disputoient aux brigands quelques chevaux; comme ils étoient en bon nombre, j'ai cru plus à propos de fouiller ce pays que de les aider.

GILBERT.

Barra y étoit, je parie.

L'OFFICIER.

Dans la mêlée, je n'ai distingué que l'uniforme; mais cela se pourroit bien... Adieu, camarades, ma ronde n'est pas faite...

AIMÉE.

Vous croyez qu'il n'y a plus de danger?

L'OFFICIER.

Ma Compagnie est répandue dans tout le pays. Adieu, Citoyenne. (*Il sort.*)

SCÈNE XVIII.

BARRA, CLOTILDE, GILBERT, AIMÉE, JOSEPH, &c. &c.

GILBERT.

QUE je suis heureux d'être rentré à tems! O ma femme, ma fille, vous seriez devenues la proie des brigands!

CLOTILDE.

Je tremble encore. Gilbert, recharge nos armes.

GILBERT.

Laisse-moi auparavant sortir ces monstres d'ici; leur vue me fait mal... Heu! (*Il va pour sortir les corps et voit entrer Barra. Un cri lui échappe; il se cache la tête dans ses mains, et frappe du pied.*)

CLOTILDE, *se retourne.*

Qu'as-tu donc? Ah!...

AIMÉE.

Barra! c'en est fait! (*Elle tombe évanouie.*)

GILBERT, *courant à elle.*

Aimée! Aimée! Ah, Dieu, quel moment! Aimée! (*Il lui frappe dans la main.*)

AIMÉE.

Il est mort !

JOSEPH.

Rassurez-vous. Non, non, Citoyenne ; il a voulu que nous l'apportions ici...

AIMÉE *se lève, et court à lui.*

Il vit ! (*se reculant*) Mais son sang !... il ne parle plus, il est mort ! il est mort !

GILBERT.

Allons, femmes, du courage. Barra, mon ami ?

JOSEPH.

Je le crois évanoui.

AIMÉE.

Et vous n'avez pu le sauver ! vous étiez avec lui, et vous l'avez laissé massacrer, cruels !

GILBERT.

Il n'est donc plus d'espoir ?

JOSEPH.

J'en doute. Nous étions tous dispersés, et les brigands étoient tués ou disparus. Barra, à ce qu'il m'a raconté, revenoit vers cette Commune avec le cheval de son Colonel qui a péri dans la mêlée ; il rencontre encore des royalistes, qui d'abord lui demandèrent le cheval qu'il montoit et celui qu'il conduisoit. Barra leur répond à coups de sabre sur la tête : *A toi, brigand*, leur dit-il ; *le cheval de mon Colonel et le mien !* il les défait tous. Il revenoit triomphant, lorsqu'un taillis, qui lui avoit caché une embuscade, le met à la merci de quinze autres qui se saisissent des chevaux et le menacent. Il veut se défendre ; mais le nombre l'accablant, il se voit prêt à être massacré. Ces monstres lui proposent la vie, s'il veut être des leurs et crier vive.... ! Ce mot lui rend toutes ses forces, *vive la République !* s'écrie-t-il. Aussi-tôt il est assailli de coups, et laissé pour mort. Ce ne fut qu'un quart d'heure après cette terrible scène, que nous le trouvâmes, et qu'il put encore nous détailler cet événement. Mais le sang qu'il a perdu, malgré tous nos soins, l'a beaucoup affoibli ; il perd connoissance à chaque instant...

CLOTILDE, *depuis l'entrée de Barra, remplit la scène par un air d'intérêt et une douleur concentrée.*

Infortuné !

AIMÉE.

Mon père ! combien tu rends mes jours affreux !

GILBERT.

Ménage-moi, ma fille ! ménage ton père.

AIMÉE, *se penchant sur lui, et posant sa main sur son épaule.*

Il n'est plus !

BARRA, *revenant à lui.*

Où suis-je ?...

AIMÉE, *faisant un cri de joie.*

Ah ! ... mon père, il respire encore ; du secours ! du secours !

BARRA.

Aimée !... où est Gilbert ?

GILBERT.

Me voilà, mon ami.

BARRA, *d'une voix éteinte.*

Mes amis ! ma chère Aimée ! et toi, Clotilde !... je vous cause bien des maux ; pardonnez-moi, je sens que je rends aussi mes derniers momens plus affreux. Ah ! que ne suis-je resté sur le champ de bataille !... J'étois content de moi... (*Prenant la main de Gilbert.*) Que ma journée a été brillante, mon cher Gilbert ! je comptois en recevoir le prix dans vos bras ; le ciel ne l'a pas voulu.. Aimée !... ah ! si dans l'autre vie... on sent encore... si l'on voit sur cette terre... demander à l'Eternel la fin des maux de ma Patrie, et veiller sur tes jours pour te consoler... sera ma seule occupation.

GILBERT.

Parlons de vivre, mon ami ; de prompts secours...

BARRA.

Il n'est plus tems ; je ne sens que trop... la mort.

AIMÉE.

Quoi ! je te perds pour jamais !

BARRA.

Soumettons-nous, Aimée; je t'ai mérité, je meurs digne de mon pays, je meurs content. Vive la République. (*Il expire.*)

(*On forme un grouppe autour de lui, et la toile tombe.*)

Nota. *Quand on apporte Barra, les deux Hussards le soutiennent sur leurs bras; quelques Volontaires suivent derrière, et font grouppe. On le place sur une chaise vers un côté de la scène. Saveste doit avoir une manche déchirée au-dessus de l'avant-bras, et on voit la chemise teinte de sang en abondance; des serviettes qui lui ceignent le corps, en sont aussi toutes imbibées; il en coule de sa tête, et il n'a ni bonnet ni manteau.*

FIN.

On trouve chez le même Libraire, les pièces de théâtre ci-après :

	l.	s.
Le Véritable Ami des Loix, ou le Républicain à l'épreuve, comédie en quatre actes, en prose, par la citoyenne Villeneuve.	1	10
Plus de Bâtards en France, comédie en trois actes, en prose, par la même.	1	10
Les Crimes de la Noblesse, ou le régime féodal, pièce en cinq actes, par la même.	1	10
Les Peuples et les Rois, allégorie dramatique, par le citoyen Cizos-Duplessis.	1	10
Les Dragons et les Bénédictines, comédie en deux actes, par le citoyen Pigault-Lebrun.	1	5
Les Dragons en Cantonnement, comédie en un acte, par le même.	1	5
Charles et Caroline, ou les Abus de l'ancien Régime, comédie en cinq actes, en prose, avec les changemens, par le même.	1	10
La Folie de Georges, ou l'Ouverture du Parlement d'Angleterre, comédie en trois actes, en prose, par le citoyen Lebrun-Tossa.	1	5
Le Vieux Célibataire, comédie en cinq actes, en vers, par le citoyen Collin-Harleville.	2	
Les Tu et Toi, ou la parfaite Egalité, comédie en trois actes, en prose, par le citoyen Dorvigny.	1	10
La Mère coupable, ou l'autre Tartuffe, drame intrigué en cinq actes, par le citoyen Beaumarchais.	1	10
La Folle Journée, ou le Mariage de Figaro, par le même.	2	10
Othello, ou le Maure de Venise, tragédie.	2	
Les Visitandines, opéra en trois actes.	1	5
L'Ami du Peuple, comédie en trois actes, en vers.	1	10
La Moisson, opéra comique en deux actes.	1	5
Les Loups et les Brebis, vaudeville en un acte.	1	
L'Hiver, ou les Deux Moulins, *idem*.	1	

	l.	s.
Philippe et Georgette, comédie en un acte, avec ariettes, par le citoyen Monvel.	1	5
Le Siége de Lille, opéra en trois actes.	1	10
Catherine, ou la belle Fermière, comédie en trois actes, en prose, par la citoyenne Candeille.	1	10
La force de l'Habitude, ou le Mariage du Père Duchesne, comédie en trois actes, en prose.	1	5
Départ des Volontaires villageois, comédie en un acte, par le citoyen Lavallée.	1.	
Brutus, tragédie de Voltaire.	1	4
Fénélon, tragédie de Chénier.	1	10
Jean Calas, tragédie, du même.	1	10
Henri VIII, tragédie, par le même.	1	10
Caïus-Craccus, tragédie, *ibid.*	1	5
La Soirée orageuse.	1	
Marat dans le Souterrain, comédie en deux actes.	1	
La Moitié du Chemin, comédie en trois actes, en vers, par le citoyen Picard.	1	10
Le Cousin de tout le monde, en un acte, en prose, par le même.	1	5
Les Brigands de la Vendée, opéra en un acte.	1	5
Cadet Roussel, ou le Café des Aveugles.	1	10
Michel Servantes, opéra en trois actes.	1	10

www.ingramcontent.com/pod-product-compliance
Ingram Content Group UK Ltd.
Pitfield, Milton Keynes, MK11 3LW, UK
UKHW020508180726
13839UKWH00004B/1969